AF313631

FEMMES CÉLEBRES

DE TOUTES LES NATIONS,

AVEC LEURS PORTRAITS:

Ouvrage présenté au Roi, à la Reine &
à la Famille Royale.

Non ! Promethée aux Cieux n'a pas ravi la flame,
Sans doute il la puisa dans les yeux d'une Femme.

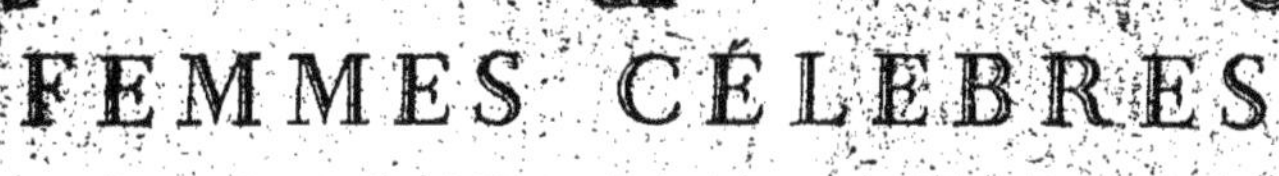

XIIeme LIVRAISON.

Prix 3 livres, & 4 liv. colorié pour MM. les Souscripteurs ;
(& 4 liv. & 5 liv. par Numéro sans souscrire.)

A PARIS,

Chez { M. Ternisien d'Haudricourt, Auteur de cet
Ouvrage, rue Saint-Honoré, vis-à-vis celle de Grenelle.
Et Gatteŷ, Libraire, au Palais-Royal, N°. 14.

M. DCC. LXXXVIII.
Avec Approbation & Privilége du Roi.

GALERIE

UNIVERSELLE.

LA DUCHESSE DE LA VALLIERE.

Louis XIV a joué un rôle si éblouissant dans
l'Europe, qu'il imprime même encore aujourd'hui
un caractère de grandeur sur tout ce qui a rap-
port à son règne. Tandis que ce Monarque résistoit
seul aux efforts de tous les Souverains conjurés
contre lui, que par des victoires accumulées il
reculoit les limites de son Empire, & que l'univers
retentissoit du bruit de ses conquêtes & de sa gloire,
sa Cour, ornée de la plus brillante jeunesse, réu-

A

niſſoit tout ce que les talents , les graces & la magnificence peuvent avoir de plus flatteur & de plus éclatant. Les plus rares Beautés ſe diſputoient le cœur des Courtiſants les mieux faits & les plus galants. La nature ne parut s'être repoſée ſi long-temps , que pour faire du ſiècle de Louis **XIV** l'époque la plus glorieuſe de la Monarchie Fran-çoiſe. Ce Prince , doué de la figure la plus impo-ſante & de la taille la plus avantageuſe , ne fut point inſenſible au milieu de tant de ſéductions. Marie de Mancini (1) , nièce du Cardinal de Ma-zarin , lui fit éprouver les premières impreſſions de l'amour. Il conçut même le deſſein de l'épouſer : mais le Cardinal qui prévoyoit beaucoup d'obſtacles à cette union , n'oſa jamais y conſentir. Il maria ſa nièce au Connétable Colonne. De toutes les paſſions que reſſentit ce Monarque , la plus flatteuſe pour lui , & la moins onéreuſe à l'Etat , fut celle que lui inſpira Mademoiſelle de la Vallière , dont le déſintéreſſement ſincère & la tendreſſe exceſſive doivent lui faire à jamais pardonner ſes foibleſſes.

Marie-Françoiſe le Blanc de la Baume , Ducheſſe de la Vallière , étoit née le 6 Août 1644 , dans la Province de Touraine , où ſa famille tenoit depuis long-temps un rang diſtingué. On ne ſait pas préciſément quel âge elle avoit lorſqu'elle vint à la Cour, ni de quelle manière elle y fut introduite: on ſait ſeulement qu'elle étoit Fille d'Honneur de Madame (2), & qu'elle avoit à-peu-près dix-huit ans, lorſqu'elle conçut pour Louis XIV une paſſion que ce Monarque eût toujours ignorée, ſi, en plaiſantant un jour, le Duc de Roquelaure ne l'en eût inſtruit. Depuis ce moment, le Roi remarqua la Vallière avec complaiſance, chercha avec empreſſement les occaſions de l'entretenir ; & pour la voir plus ſouvent, il rendit de fréquentes viſites à Madame. Cette Princeſſe, depuis ſon mariage avec Monſieur, avoit introduit à la Cour de Louis XIV une émulation d'eſprit, une politeſſe & des graces dont on n'avoit point encore eu d'idée. Le Louvre devint le centre du goût, de la galanterie & de la décence. Toutes les autres Cours de l'Europe s'efforçoient de ſe modeler ſur celle de France. Les jours n'étoient qu'un enchaînement de fêtes & de ſpectacles. On ſait que dans ces ſortes de plaiſirs, jamais Prince ne porta plus loin la pompe & la magnificence. La Vallière fut deux ans l'objet caché de toutes ces fêtes. Un jeune Valet-de-Chambre du Roi, nommé Belloc, dit M. de Voltaire, compofoit plufieurs récits mêlés à des danfes, tantôt chez la Reine, & tantôt chez Madame, & ces récits exprimoient, avec myftère, le fecret de leurs cœurs, qui ceffa bientôt d'être un fecret. En 1662, ajoute cet illuftre Ecrivain, on fit un caroufel vis-à-vis des Tuilleries, dans une vafte enceinte qui en a retenu le nom *de la place du Caroufel.* Il y eut cinq quadrilles. Le Roi étoit à la tête des Romains; fon frère, des Perfans; le Prince de Condé, des Turcs; le Duc d'Enguien, fon fils, des Indiens; & le Duc de Guife (3), des Américains. Tous ces divertiffements publics, étoient autant d'hommages rendus à la Vallière. Confondue dans la foule, elle goûtoit le plaifir fecret & flatteur de fe voir adorée d'un des plus puiffants Monarque de l'Europe. Louis XIV, à travers tous les regards attachés fur lui, ne diftinguoit que ceux de fa Maîtreffe. Le peu de vraifemblance, qu'un Souverain de vingt-trois ans, entouré des plus belles femmes de fon Royaume, fe fût décidé en faveur de Mademoifelle de la Vallière, fit croire aux Courtifans que Madame étoit l'objet de toutes fes galanteries (4). Cette Princeffe, ambitieufe & coquette, le crut même quelque temps;

mais on s'apperçut bientôt qu'elle ne fervoit que de prétexte. Flattée des fentiments qu'elle s'imagina avoir infpirés au Roi, enorgueillie de la victoire qu'elle penfa avoir remportée fur toutes les autres femmes de la Cour, Madame ne fe vit détrompée qu'avec douleur. Elle en conçut même un fi violent dépit, qu'elle chercha chaque jour de nouvelles occafions de mortifier la Vallière. Toutes ces fureurs ne fervirent qu'à allumer davantage la paffion du Roi. Bientôt il n'en fit plus myftère. On raconte qu'un jour étant à la promenade dans le parc de Verfailles avec les principales Dames de la Cour, il furvint une petite pluie : Louis XIV, fans s'embarraffer des autres femmes, donna la main à la Vallière, & tint même long-temps fon chapeau audeffus de fa tête, de peur qu'elle ne fût mouillée. Madame vit avec impatience l'amour du Roi pour fa Fille d'Honneur, fe manifefter chaque jour par les témoignages les moins équivoques & les préfents les plus magnifiques. Ce Monarque exigea que la Vallière, ornée de toutes fes pierreries, fe préfentât devant Madame. Cette Princeffe lui demanda, en préfence de Louis XIV, de qui elle tenoit ces bijoux. C'eft moi qui les lui ai donnés, repartit brufquement le Roi. Madame ne répondit rien : mais elle en conferva dans le fond du cœur un reffentiment qu'elle fe propofoit de faire éclater lorfque l'occafion lui paroîtroit favorable. D'abord elle fe plaignit hautement de l'outrage qu'on lui faifoit, en choififfant fa maifon pour un commerce de cette nature. Elle communiqua fes fcrupules apparents à la Reine mère (5). Elles convinrent toutes deux, qu'elles en parleroient à la Vallière. Elles la firent venir, & lui reprochèrent avec une dureté & une hauteur fans exemple, d'exciter la difcorde & le divorce dans le fein de la Famille Royale. La Vallière confufe, défefpérée de recevoir tant d'humiliation, réfolut d'aller enfevelir fa honte & fa douleur dans le fond d'un Cloître. Sans avoir communiqué fon deffein à qui que ce fût, elle fe rendit aux Filles de Sainte-Marie, à Chaillot, & s'enferma feule, pour pleurer en liberté. Le Roi apprend cette nouvelle, il eft comme frappé de la foudre, il quitte les Ambaffadeurs auxquels il donnoit audience, monte à cheval, & court à toute bride à Chaillot. Il fe préfente devant Mademoifelle de la Valliere, qui, touchée de cette marque de tendreffe, ne peut retenir fes larmes. Cet heureux Amant reffentit toute l'émotion qu'il caufoit. Après un affez long entretien, il conjura la Vallière de retourner à la Cour. Elle s'en défendit beaucoup, en alléguant les mortifications auxquelles elle étoit expofée. Le Roi lui promit d'y mettre ordre, & la follicita de fi bonne grace, qu'elle n'eut pas la force de réfifter à tant d'inftances. Louis XIV la ramena en triomphe chez Madame, à qui il la recommanda comme la perfonne qui lui étoit la plus chère. Il avoit déjà preffé plufieurs fois la Vallière d'accepter une maifon particulière ; mais elle l'avoit toujours refufée, en lui repréfentant que cet éclat feroit capable de la perdre & d'animer fes ennemis. Le Roi lui fit obferver que c'étoit l'unique moyen de la fouftraire aux perfécutions qu'elle éprouvoit, & d'être à portée l'un & l'autre de fe voir chaque jour plus librement. Enfin, elle y confentit. On lui donna l'hôtel de Biron, qu'on fit meubler de la manière la plus riche & la plus fomptueufe. Le Monarque ne s'en tint pas là. Il gratifia le frère de la Vallière d'une charge confidérable, & lui procura un mariage avantageux.

Madame, qui voyoit échouer toutes les entreprifes qu'elle formoit pour rompre cette intelligence, fit part de fes chagrins à Olimpe de Mancini , Comteſſe de Soiſſons. Celle-ci engagea le Marquis de Vardes , ſon Amant , à ſeconder Madame ; le Comte de Guiche , fils aîné du Maréchal de Gramont , jeune homme plein d'eſprit , de courage & d'audace , que Madame écoutoit favorablement , s'unit à eux. Ils eſpéroient que , s'ils parvenoient à faire éloigner la Vallière , ils reſteroient les maîtres de la Cour. Ils s'imaginoient que , ſi par quelque moyen la jeune Reine pouvoit connoître les nouvelles amours du Roi , ce Prince ſe verroit bientôt forcé de renoncer à ſa Maîtreſſe. Il doit paroître étonnant que la Reine ſeule ne ſût rien d'une intrigue qui occupoit toute la Cour : mais ſi l'on ſe repréſente la crainte & le reſpect que Louis XIV inſpiroit à tous ceux qui l'approchoient , on ne ſera plus ſurpris qu'aucun Courtiſan n'ait oſé découvrir ce ſecret. Chacun craignoit par une pareille indiſcrétion , d'encourir l'indignation & la vengeance du Monarque. C'eſt pour cela que les ennemis de la Vallière eurent recours à un artifice qui ne les compromît point. En conſéquence , Madame la Comteſſe de Soiſſons & leurs Amants , arrêtèrent que le plus ſûr expédient pour réuſſir , étoit de faire parvenir à la Reine , comme de la part du Roi d'Eſpagne ;

d'Espagne , une lettre qui l'instruisit de tout ce qu'elle ignoroit. De Vardes composa la lettre en François , de Guiche la traduisit en Espagnol. La lettre parvint à sa destination , sans que personne se doutât pour lors d'où elle venoit. La Reine qui aimoit passionnément son mari , & qui en avoit été fort aimée dans la première année de son mariage , fut outrée de douleur. La Reine mère prit son parti. Le Roi furieux ne savoit qui devoit être l'objet de son ressentiment. Il mit tout en usage pour le découvrir. Il s'adressa même au Marquis de Vades , en qui il avoit la plus aveugle confiance. Le Marquis feignant de la surprise , fit adroitement tomber les soupçons sur Madame de Navailles , Dame d'Honneur de la Reine , qu'il savoit n'être pas aimée du Roi. Ce Prince le crut. Madame de Navailles & son mari furent sacrifiés. Ils furent obligés de se démettre de leurs charges , & de se retirer de la Cour. Le Marquis , fâché au fond du cœur, des désordres dont il étoit cause , considéra avec peine la profondeur de l'abîme où il avoit eu la foiblesse de s'engager ; mais il n'étoit plus temps de reculer.

La jeune Reine , toujours affligée de voir la Vallière occuper seule le cœur du Roi, porta ses plaintes à l'Ambaſſadeur d'Eſpagne ; mais l'Ambaſſadeur, en habile Courtiſan, ſentit combien il étoit dangereux de ſe mêler d'une affaire auſſi délicate, & ſous quelque prétexte il refuſa de s'en charger. Cette Princeſſe déſeſpérant de ramener ſon Mari, tomba dangereuſement malade. Le Roi parut ſenſible à ſon chagrin ; mais n'en demeura pas moins attaché à Mademoiſelle de la Vallière, qui, devenue enceinte, accoucha en 1666, de Mademoiſelle de Blois (6). Quelque temps après ſes couches, il la fit Ducheſſe. Il voulut même qu'elle fût préſentée à la Cour, & que les deux Reines la reçuſſent avec toute la diſtinction due à ſa nouvelle dignité. Vu les diſpoſitions où ces deux Princeſſes étoient à ſon égard, l'entrepriſe devenoit hardie, & la négociation difficile. Madame de Montauſier, femme de beaucoup d'eſprit & d'adreſſe, fut choiſie pour la faire réuſſir ; mais dans le même temps la jeune Reine accoucha, & fut pendant quelques jours en très-grand danger. Cette Princeſſe voyant le Roi affligé de ſa maladie, ſaiſit l'occaſion. Elle s'unit avec la Reine mère & ſon Confeſſeur, pour engager le Roi à marier la Vallière. Louis XIV voulant ménager l'état de la Reine, dit que ſi la Vallière y conſentoit, il ne s'y oppoferoit pas. On propofa ce mariage au Marquis de Vades ; mais fes liaifons avec la Comteffe de Soiffons, l'empêchèrent de l'accepter.

Madame, de fon côté, ne négligeoit rien pour dégoûter le Roi de fa Maîtreffe. Elle donna à ce Prince, un fuperbe divertiffement, où elle fit trouver, à deffein, une femme d'une beauté remarquable ; il n'y fit nulle attention. Son cœur étoit uniquement occupé de la Vallière, & les efforts qu'on faifoit pour l'en détacher, ne firent que la lui rendre encore plus chère. Il voulut voir s'il en étoit aimé comme il l'aimoit. Il feignit de rechercher plufieurs Dames de la Cour. On affure même, qu'il alla plus loin avec l'une d'elles ; mais cette intrigue ne fut pas de longue durée. Du moins la Vallière qui avoit beaucoup d'eftime pour le Roi, & beaucoup de confiance en lui, parut l'ignorer ; elle ne prit aucun ombrage des affiduités que fon Amant rendoit à d'autres Beautés célèbres. Son peu de jaloufie piqua la vanité du Roi. Il fe plaignit de fon indifférence. La Vallière s'excufa, en difant qu'elle lui croyoit trop d'honneur pour manquer à fes ferments, & le cœur trop fenfible pour ceffer de l'aimer. Il y eut cependant, durant quelques jours, entre ces deux

Amants, un léger nuage, qui difparut bientôt pour faire place à de nouvelles preuves de leur paffion. La Vallière trouva tant de plaifir dans ce raccommodement, qu'elle dit au Roi : *Sire , raccommodons-nous fans ceffe. Ah ! plutôt*, répondit ce Prince , *ne nous brouillons jamais.*

Louis XIV, malgré toutes fes recherches, n'avoit pu découvrir d'où venoit la lettre qu'on avoit écrite à la jeune Reine. Le hafard lui en révéla le myftère. Il apprit que le Comte de Guiche , malgré fes défenfes, continuoit à rendre des affiduités à Madame ; il le relégua à Marfeille. Cette Princeffe , pour fe confoler de la perte de fon Amant , forma quelque deffein fur Vardes ; mais elle ne put jamais lui faire abandonner la Comteffe de Soiffons. Celle-ci , fière de ce fuccès , tint , fur le compte de Madame , des propos indifcrets qui lui parvinrent. Madame n'écoutant que fon reffentiment , conçut le deffein de s'en venger à quelque prix que ce fût. Elle découvrit au Roi le fecret de la lettre Efpagnole , qu'ils avoient concertée enfemble. Ce Monarque irrité de fe voir trahi auffi lâchement par ceux qu'il avoit le mieux aimés , envoya de Vardes dans un cachot à la citadelle de Montpellier (7) ,

& exila la Comtesse de Soissons dans le Gouvernement de Champagne qu'avoit son mari. Madame fut la seule qui se sauva du naufrage ; & de Vardes, qui étoit sur le point d'être fait Duc , vit ainsi toutes ses espérances s'évanouir.

Le Roi ne respiroit que pour adorer la Vallière. Tout le reste lui étoit indifférent : il ne se plaisoit qu'avec elle. Il trouvoit tant de charmes dans sa conversation , que souvent il passoit de suite des jours entiers & la moitié des nuits à l'entretenir. Un jour qu'ils étoient enfermés ensemble , la Vallière ressentit tout-à-coup les douleurs de l'enfantement. Elles devinrent si pressantes , que le Roi n'eut pas le temps d'appeler du secours. Il se vit même dans la nécessité de l'aider à mettre au monde le Comte de Vermandois (8). Il prit à la Vallière une telle foiblesse , que pendant quelque temps les Dames qui étoient survenues , la crurent morte. Le Roi étoit dans la plus violente agitation ; il ne la quittoit pas un instant. Il se faisoit servir auprès d'elle. La Vallière ne se rétablit que lentement. Elle en conserva même une maigreur excessive , & une si grande foiblesse dans la moitié du corps , qu'elle ne marchoit plus qu'avec peine. Rien cependant n'apportoit de changement à l'inclination du Roi. La Vallière occupoit toujours la première place dans son cœur. Ce Monarque ne cessoit d'avoir pour elle les égards les plus tendres & les plus distingués. Elle lui avoit fait présent d'un habit magnifique. Sensible à cette galanterie, il le porta long-temps; & quelques jours après, il lui envoya, en échange, une parure de diamants extrêmement riche. Le Roi, un autre jour, faisoit la revue de ses troupes à Vincennes, en présence des Ambassadeurs & des principaux Seigneurs de sa Cour ; la Vallière s'y trouva. Dès que le Roi vit son carrosse, il alla lui parler, & resta pendant une heure & demie à la portière, le chapeau bas malgré la pluie. A quelques pas de là, il rencontra le carrosse des deux Reines ; il les salua & ne s'arrêta pas.

On prétend qu'un soir, comme le Roi venoit de la quitter, & qu'elle étoit au lit depuis un instant, une petite chienne qu'elle avoit se mit à aboyer. La Vallière d'abord, ne fut point allarmée; mais lorsqu'elle entendit marcher quelqu'un dans sa chambre, elle se leva toute effrayée, & courut appeler du secours. On vint aussi-tôt : on visita par-tout : on ne vit personne ; mais on s'apperçut que les fenêtres étoient ouvertes, & on y trouva des échelles de cordes attachées. Une aventure aussi extraordinaire fit grand bruit. Le Roi promit, dit-on, jusqu'à dix mille louis à quiconque découvriroit les auteurs de ce complot. Ce fait est rapporté par la plupart des Historiens de la Vallière : il est du moins certain que dans le même temps on lui donna des Gardes & un Maître-d'Hôtel, qui goûtoit de tout ce qu'on servoit sur sa table.

Après des témoignages aussi éclatants & aussi souvent réitérés, après une constance aussi soutenue, il sembloit que cette passion dût éternellement durer. Les deux Reines & Madame avoient inutilement tenté tous les moyens possibles de rompre l'union de ces deux Amants. Les autres femmes de la Cour, qui avoient des prétentions sur le cœur du Roi, s'intriguoient chaque jour, & chaque jour elles voyoient échouer toutes leurs entreprises. Madame de Montespan, femme d'une grande beauté, d'un caractère altier & impérieux, mais d'un esprit fin & délié, ne laissoit échapper aucune des occasions qui pût la faire valoir. Elle eut en même temps l'adresse de donner à la Reine une grande opinion de sa vertu en communiant devant elle tous les huit jours, & de s'infinuer dans les bonnes graces de la Vallière, de manière qu'elle ne la quittoit pas. Ainfi elle paffoit fa vie avec le Roi, & employoit tous les moyens pour s'en faire aimer. On penfe bien qu'il ne devoit pas être difficile d'y réuffir à une perfonne que les fcrupules n'arrêtoient point, & qui, à la figure la plus aimable, joignoit l'efprit le plus féduifant (9). La Vallière avoit perdu l'éclat de la première jeuneffe. Sa dernière couche, en altérant fa fanté, avoit auffi enlevé une grande partie de fes charmes. Le Roi n'avoit déjà plus pour elle le même empreffement. A mefure que ce Prince fe refroidit pour Mademoifelle de la Vallière, Madame de Montefpan faifoit de nouveaux progrès fur fon cœur. Sans ceffe entourée d'Adorateurs, comme il lui étoit important de perfuader au Roi qu'elle n'en écoutoit aucun, elle affectoit tous les foirs, au coucher de la Reine, où ce Prince fe trouvoit fouvent, de tourner en ridicule les propos que chacun d'eux lui avoit débités dans la journée. La Vallière, qui s'appercevoit que le Roi commençoit à la négliger, fut charmée de trouver dans Madame de Montefpan, une amie, à qui elle pût confier fes chagrins. On vit entre ces deux femmes les apparences

rences

rences de l'amitié la plus étroite. Elle étoit sincère
de la part de la Vallière , naturellement pleine de
droiture & de bonne foi ; mais il y avoit de la diffimulation de la part de l'autre , qui n'étoit pas de
caractère à aimer une rivale , & qui ne careſſoit la
Vallière que pour la trahir (10). Elle paroiſſoit cependant entrer dans ſes intérêts , & partager ſes douleurs. Elle affectoit pour elle une complaiſance
particulière. Tantôt elle blâmoit le Roi de lui té-
moigner autant d'indifférence ; tantôt elle pouſſoit
la fauſſeté juſqu'à lui propoſer les moyens de le
ramener. Aſſurée des diſpoſitions de Louis XIV,
elle ſavoit trop bien que l'amour ne revient jamais
ſur ſes pas , & qu'en feignant de plaindre ſa rivale ,
ſes intérêts ne couroient aucun danger.

Le Roi venoit ſouvent chez Madame de la Vallière , mais c'étoit pour y voir Madame de Monteſpan.
La Vallière prit d'abord ces viſites pour ſon compte ;
mais elle ne tarda pas à revenir de ſon erreur , & à
s'appercevoir qu'elle étoit la victime de ſa confiance
& de ſa crédulité. Elle s'en plaignit au Roi avec
douceur. Elle lui mit ſous les yeux tout ce qu'il avoit
fait pour elle. Elle lui repréſenta ſes ſerments, ſ
tendreſſe paſſée. Elle lui répéta tout ce que la dou-

C

leur & l'amour peuvent infpirer de plus touchant.
« Ah ! Sire , dit-elle, eft-ce ainfi que vous m'avez
promis de m'aimer ? Avez-vous pu rompre un lien
que vous deviez toujours chérir ? Avec quelle tendreffe cherchiez-vous autrefois à diffiper la trop jufte
crainte que j'avois de vous perdre ! Qu'eft devenu
ce temps où vous étiez perfuadé qu'il n'y avoit que
mon cœur au monde capable de reffentir tout l'a-
mour que vous étiez jaloux d'infpirer ? Efpérez-vous
en trouver jamais d'auffi tendre , d'auffi fidèle que le
mien. Je ne fais , Sire , fi j'aurai la force de fup-
porter la perte de votre amour ; mais je fuis bien
fûre que votre indifférence ne m'empêchera jamais
de vous aimer toute ma vie ». Le Roi, incapable
de feindre long-temps , lui répondit qu'il étoit vrai
qu'il aimoit ailleurs ; mais que rien ne pourroit altérer l'eftime & les fentiments qu'il fe feroit honneur
de lui conferver. Ce difcours jetta le défefpoir &
l'accablement dans le cœur de la Vallière. La mort
dans le fein , les yeux remplis de larmes, elle con-
juroit le Roi de ne point l'abandonner ; elle l'affuroit
qu'elle ne pourroit furvivre à cette cruelle féy para-
tion. Elle recommença vingt fois les plus tendres
prières. Ce fut en vain. Le Roi avoit pris fon parti.

Une des chofes qui fait le plus d'honneur à cette
Amante infortunée, c'eft qu'étant éclaircie de fon
fort, elle montra à Madame de Montefpan, une modé-
ration, une férénité, qu'on ne devoit guère efpérer
d'une rivale. Il ne lui échappa aucune marque d'em-
portement, pas même une feule plainte contre elle.
Elle fupporta long-temps avec douceur l'humiliation de voir triompher celle qui l'avoit trahie ; &
le plaifir de voir quelquefois Louis XIV, qu'elle
aimoit toujours, la confoloit du chagrin de n'en
être plus aimée. Madame de Montefpan, adroite &
ambitieufe, fentit qu'il ne lui étoit pas inutile de fe
concilier par des manières prévenantes, la bienveil-
lance des Courtifants, que la Vallière moins intéreffée
avoit trop négligés. Elle ne voyoit, en fe faifant
aimer du Roi, que le plaifir de l'emporter fur les
autres femmes, & de pouvoir difpofer de tout à
fon gré. L'autre, avoit fait confifter fon bonheur à
perfuader à fon Amant qu'elle l'aimoit uniquement
pour lui-même. Elle ne lui avoit jamais demandé la
moindre grace, ni pour elle, ni pour fes amis. Sa
délicateffe alloit jufqu'à s'oppofer fortement à tout
le bien que le Roi vouloit lui faire. Enfin, lorfqu'elle vit que la Cour s'éloignoit d'elle pour aller

encenfer fa rivale , & qu'elle avoit perdu le cœur
du Roi fans retour , fa douleur fut auffi exceffive
que fon amour avoit été violent , & elle en eut
même une maladie fi dangereufe qu'on craignit pour
fa vie. A peine fa fanté fut-elle rétablie , qu'elle prit
la réfolution d'aller finir fes jours dans le Cloître.
Elle choifit le Couvent des Carmelites , de la rue
Saint-Jacques , à Paris , où elle fe rendit le 2 Juin
1674. Et un an après , elle fit profeffion dans l'in-
térieur du Chapitre de ce Monaftère , fuivant l'ufage
de cet Ordre. Le lendemain , la Reine lui donna
folemnellement le voile noir. L'illuftre Boffuet pro-
nonça un Difcours rempli de traits fublimes. Il fem-
bloit par l'énergie des tableaux , foudroyer la victime
infortunée qui s'immoloit volontairement. Je me
figure , dans ce moment , le célèbre Fénélon à la
place de l'Evêque de Meaux. Je me repréfente l'Ar-
chevêque de Cambrai , par une éloquence douce &
perfuafive , jettant la confolation dans ce cœur tendre
& défefpéré , lui peignant un Dieu compatiffant à nos
foibleffes , & toujours prêt à pardonner aux larmes
du repentir ; l'onction touchante d'un pareil Orateur
n'eût-elle pas été plus conforme au caractère de la
Vallière ? Quoiqu'il en foit , elle quitta les grandeurs

avec une entière réfignation , & vécut chez les
Carmelites fous le nom de Sœur *Louife de la Miféricorde*, dans l'humiliation la plus profonde, &
avec les témoignages les moins équivoques d'une
fincère pénitence. Elle voulut d'abord fe faire Sœur
Converfe ; mais la Supérieure de ce Couvent ayant
réfifté à fes preffantes follicitations, elle demanda la
permiffion de les foulager dans leurs emplois les plus
pénibles. Quoique d'une complexion foible & délicate, rien ne la rebutoit. Elle portoit continuelle-
ment la haire, le cilice, une ceinture de fer ; &
pour expier le plaifir qu'elle avoit eu autrefois à
prendre des liqueurs, elle s'impofa pendant plufieurs
années, la peine de ne boire qu'un demi verre d'eau
par jour (11). Dans quelque faifon que ce fût, elle
fe levoit deux heures avant les autres, & paffoit ce
temps profternée au pied des autels, dans la pof-
ture la plus humble & la plus édifiante. Elle aimoit
tendrement fon frère : elle foutint cependant fa
mort avec tant de fermeté d'ame, qu'elle ne donna
aucune marque extérieure de fenfibilité. Elle dit aux
perfonnes qui l'exhortoient à foulager fa douleur
par quelques larmes : *Il y a long-temps que j'ai tout
facrifié, c'eft fur moi feule qu'il faut pleurer aujour-*

d'hui. Et lorsqu'on lui annonça qu'elle n'avoit plus de fils, elle dit encore : *Je dois pleurer sa naif-* *sance encore plus que sa mort.* La Reine & plusieurs personnes de la Cour lui rendoient de fréquentes visites : tous ces honneurs l'importunoient. Pour s'y souftraire, elle supplia la Supérieure de la transférer dans la Maison la plus pauvre de l'Ordre, & la plus éloignée de Paris ; on ne voulut jamais y consentir. Enfin, cette vie austère lui attira de longues & de violentes infirmités, qu'elle supporta avec une constance héroïque. Elle s'étoit si bien endurcie à la douleur, qu'elle y étoit devenue insensible. Un jour la Supérieure voyant sa jambe gâtée par la gangrène, la gronda de ne l'avoir pas avertie, elle répondit qu'elle ne s'en étoit pas apperçue. La veille de sa mort, elle se leva encore à trois heures du matin, pour aller rendre au Saint-Sacrement son hommage ordinaire ; mais les forces lui manquèrent en chemin. On la mit au lit, d'où elle ne releva pas. Elle mourut le 16 Juin 1710, après trente-six ans de Religion, âgée de soixante-six ans moins deux mois. Ainsi finit cette Héroïne, aussi célèbre par sa tendresse que par ses austérités. Louis XIV ne fut jamais aimé plus véritablement qu'il le fut par elle ; & l'on n'a jamais vu de repentir plus fincère, ni de pénitence plus rigoureufe.

Madame de la Vallière étoit d'une taille médiocre, fon corps étoit mince & délié ; elle boitoit un peu, & la petite vérole avoit laiffé fur fa figure quelques taches légères. Mais fa phyfionomie étoit douce, ouverte, pleine de candeur & de fenfibilité. Elle avoit la peau très-blanche, les cheveux châtins & les yeux noirs. Lorfqu'elle étoit libre, fon humeur avoit de la gaieté & de la vivacité. L'habitude de vivre à la Cour n'avoit pu lui faire furmonter la timidité qui lui étoit naturelle, & qui chez les femmes eft ordinairement la compagne de la fenfibilité. Son cœur étoit tendre à l'excès, généreux, compatiffant, & fingulièrement attaché à fes amis. La droiture & la franchife éclatoient dans toutes fes manières. Elle ignoroit naturellement l'art le plus néceffaire aux Courtifans, le talent de l'intrigue. Incapable de la moindre diffimulation, elle ne pouvoit la fuppofer dans les autres. Elle jouit de fa fortune fans orgueil, & fouffrit fa difgrace fans fe plaindre. Le cœur du Roi fut la feule chofe au monde qu'elle regrettât. Elle ne chercha jamais à nuire, & fi elle eut des ennemis, elle ne mérita jamais d'en avoir. Son esprit étoit naturel, plein de graces, & orné par les Belles-Lettres. Ses discours avoient un charme qui la faisoit écouter avec un plaisir inexprimable. La Poésie, cet amusement des ames sensibles, avoit souvent occupé ses loisirs. On prétend que lorsqu'elle étoit à la Cour, elle composoit des vers avec facilité ; & lorsqu'elle fut retirée du monde, on publia sous son nom un petit Livre intitulé : *Réflexions sur la miséricorde de Dieu ;* cette brochure imprimée en 1680, actuellement fort rare, eut alors beaucoup de vogue. Elle respire le dégoût du monde & l'amour de Dieu. La Vallière s'y compare souvent à la Magdelaine, elle demande pardon à l'Être Suprême des déréglemens de sa vie passée. Cependant on y voit encore qu'elle n'a point entièrement oublié son auguste Amant, & qu'il lui en coûtoit quelquefois de grands efforts, pour en éloigner le souvenir. « Je ne me flatte point, dit-elle, d'être morte à mes passions, pendant que je les sens revivre plus fortement que jamais dans ce que j'aime plus que moi-même, (elle parle du Roi) & d'autant plus dangereusement, que mon amitié, qui semble me vouloir justifier, m'empêche

d'écouter

d'écouter la raifon , & de fuivre les faintes infpi-
rations de mon Dieu ». Ce paffage fingulier peut
fervir de fondement à l'Héroïde qu'on va lire.

D

LETTRE

DE LA DUCHESSE DE LA VALLIERE

A LOUIS XIV.

QUELLE eſt donc, juſte Ciel ! cette lugubre enceinte ?
Je vois par-tout régner le deuil & la contrainte.
Reine hier, je marchois ſous ces lambris dorés,
Où pareils à des Dieux les Rois ſont adorés ;
Où Louis tient le ſceptre ; où la magnificence
Annonce à tous les yeux ſa gloire & ſa puiſſance ;
Où dans l'éclat trompeur des beaux jours qui m'ont lüi
Je partageois l'encens qu'on brûle devant lui.
Où ſuis-je maintenant ? O funeſte contraſte !
Ce n'eſt plus des grandeurs l'opulence & le faſte ;
C'eſt d'un cloître indigent l'affreuſe auſtérité.
Dans ce ſombre réduit par la crainte habité,
Où béniſſant en paix le ſaint joug qui l'opprime,
La modeſte vertu pleure ainſi que le crime,
Tout entière à mes feux, en proie à mes douleurs,
Hélas ! depuis un jour, mes yeux baignés de pleurs
N'ont encore apperçu que des objets funèbres.
Cette lampe qui luit à travers les ténèbres,
Ce calme, ces tombeaux, ces lamentables chants,
Tout porte la triſteſſe & l'effroi dans mes ſens.

Et c'eft-là, cependant, que plaintive, éplorée,
A jamais des humains je vivrai féparée ;
Et que changeant en deuil ces fuperbes atours,
Je vais au Roi des Rois offrir mes triftes jours.
De la pompe du Louvre, ici que tout diffère !
Moi, languir dans un cloître ! O Ciel ! que viens-je y faire ?
Moi, dompter mon amour ! moi, prononcer des vœux,
Ah ! plutôt... Mais hélas ! fais-je ce que je veux ?
Avant de confommer cet affreux facrifice,
Que d'efforts fur mon ame il faudroit que je fiffe !
Que dis-je ?... Quelques maux qu'il puiffe m'en coûter,
Il faut bien m'y réfoudre... & je vais tout quitter.

GRAND Prince, ce parti qui feul me refte à prendre,
Après tous mes malheurs ne doit plus vous furprendre.
J'ai vu s'éteindre un feu qui ne dut point finir.
Jai ceffé de vous plaire... Il faut bien m'en punir.
Hélas ! j'avois fi bien prévu votre inconftance,
Que de mes furveillans trompant la vigilance,
Au fond d'un cloître un jour je courus me cacher.
Vous-même dans l'inftant vîntes m'en arracher.
On croit tout, quand on aime : agneau foible & timide,
Je fuivis fans effort un fi dangereux guide.
Qu'il vous en coûta peu pour vaincre mes refus !
Mais vous m'aimiez alors... Et vous ne m'aimez plus.

LOUIS, eft-il bien vrai qu'au mépris de mes larmes,
Pour toi le changement ait aujourd'hui des charmes ?
Quelle eft donc la Beauté qui me ravit ta foi ?
Hélas ! en eft-il une auffi tendre que moi ?

Se peut-il qu'en un jour mes foiblesses passées
Soient de ton souvenir à jamais effacées ?
As-tu pu sans pitié percer ce triste cœur,
Ce cœur infortuné dont tu fis le bonheur ?
Un jour me disois-tu, las du pouvoir suprême,
« Que rarement un Prince est aimé pour lui-même;
» L'amour, le tendre amour qui me tient sous ta loi
» Peut seul me consoler du malheur d'être Roi.
» Oui, périsse le Ciel & la nature entière,
» Si je cesse un instant d'adorer la Vallière ».
Eh quoi ! par tes sermens tant de fois outragé
Ce Ciel subsiste encore... & ton cœur est changé.
D'où vient, cruel Amant, ne te suis-je plus chère ?
Qu'ai-je fait ? Par quel crime ai-je pu te déplaire ?
Ingrat, tout mon malheur est de te trop aimer.
Que dis-je ? A mon exil peux-tu t'accoutumer ?
Dans quel sein voudras-tu, si tu brise nos chaînes,
Epancher désormais tes plaisirs & tes peines ?
Consulte bien ton cœur : la vie hélas ! sans moi
Peut-elle avoir encor quelque douceur pour toi ?
Eh bien ! si la pitié ne peut rien sur ton ame,
Du moins cède à la voix de l'honneur qui t'enflamme.
Lorsque la vérité, ce grand Juge des Rois,
Viendra chez nos neveux faire entendre sa voix,
Quand l'Histoire peindra ces rapides conquêtes
Ces spectacles brillans, & ces superbes fêtes,
Ces pompeux monumens élevés par tes mains,
Chef-d'œuvres immortels qu'envîroient les Romains,

Les Arts reſſuſcités , l'abondance en nos Villes ,
Ta ſageſſe étouffant les diſcordes civiles ;
Les Grands Hommes en foule accourant à ta voix ;
Et l'Europe à genoux te demandant des loix :
Alors de nos erreurs on parlera peut-être.
On dira quel penchant en mon ſein tu fis naître.
On ſaura que ce Roi par-tout victorieux
Ce Roi ſi bienfaiſant , ſi grand , ſi glorieux
Pour moi ſeule eut une ame inflexible , cruelle ;
Qu'il trompa ſans pitié ce cœur tendre & fidèle ;
Et que me puniſſant de l'adorer toujours ,
Il s'étoit fait un jeu d'empoiſonner mes jours.
Veux-tu de cette tache obſcurcir ta mémoire ?
Veux-tu que l'avenir en admirant ta gloire
Diſe : Louis fut grand : mais parjure & trompeur
Il ne mérita pas de conſerver un cœur.
Cher Prince , cher objet de ma flamme inſenſée ;
Oui , tu règnes toujours au fond de ma penſée.
Toi jadis allarmé de mes moindres ennuis ,
Peux-tu m'abandonner dans l'état où je ſuis ?
Une Amante pour toi deſcend à la prière ;
Oui , cher Prince , à tes pieds vois tomber la Vallière.
Rends-moi ton cœur , ta foi : viens , je te tends les bras.
Viens partager mes feux... Pourquoi ne viens-tu pas ?
Mes prières , mes pleurs ; eh quoi ! rien ne te touche.
Tu ne fus pas toujours ſi dur & ſi farouche.
Mais j'ouvre enfin les yeux : le Ciel veut m'éclairer :
Si tu ſéduis les cœurs , c'eſt pour les déchirer.

Pardonne... Je m'égare... Et je devrois peut-être
Dans l'infidèle Amant , respecter plus le Maître ;
Eh ? que font à mes maux , la grandeur & le Roi ?
Je ne vois qu'un mortel insensible , sans foi ,
Qui rompant les doux nœuds où j'étois asservie ,
M'arrache avec son cœur le bonheur & la vie.
C'en est fait : sur la terre il n'est plus rien pour moi ;
Cruel , en te perdant , je perds tout avec toi.
    Aux favoris des Rois cette épreuve est commune.
J'ai vu jadis la foule assiéger ma fortune.
Aujourd'hui loin de moi tout s'éloigne , tout fuit :
Tout enfin m'abandonne à l'horreur qui me suit.
D'obscurs infortunés ont au moins l'avantage.
De trouver dans leurs maux un cœur qui les partage ;
Et moi , dans ce haut rang qui fit tous mes malheurs ,
Je n'ai pas une main pour essuyer mes pleurs.
Dieu ! quel songe eut jamais un réveil plus funeste !
Le triste souvenir est tout ce qui m'en reste.
J'ignorois jusqu'ici combien il est affreux
De perdre le seul bien qui peut nous rendre heureux.
    QUAND l'amour de ton cœur m'offrit le sacrifice ,
Ai-je , pour te séduire , employé l'artifice ?
Par quel aveuglement me laissai je charmer ?
Je crus que pour te plaire il suffisoit d'aimer :
Je suivis mon penchant. Hélas ? pour toute adresse
Je laissai sans détour éclater ma tendresse.
Quoi ! tandis qu'à tes vœux la Cour de tous côtés
Offroit un choix facile entre tant de Beautés ,

Quel charme à tes regards diftingua la Vallière ?
Chacune avoit fes droits : l'une orgueilleufe & fière
Vantoit fon rang fuperbe & l'autre fes attraits.
Toutes de l'art de plaire épuifoient les fecrets :
Moi, je n'eus qu'un cœur tendre, & je fus préférée.
Adorant le mortel dont j'étois adorée,
Je penfois que l'amour conduifoit au bonheur.
Comme je me plaifois à chérir mon erreur !
Tes larmes, tes fermens, je crus tout, & mon ame
Avec fécurité fe livroit à ta flamme.
Oui, fûre de ta foi, je ne redoutois rien.
Qu'on abufe aifément un cœur tel que le mien !
Par un chemin de fleurs, conduite dans l'abîme,
J'ignorois en tes bras que l'amour fût un crime.
Mais que j'ai payé cher ce dangereux plaifir !
Ah ! pour m'abandonner falloit-il me choifir ?
J'ai mérité mon fort : le Ciel en fa colère
M'a fans doute infpiré le defir de te plaire.
Et comment réfifter ? je voyois à la fois
Des Amans le plus tendre & le plus grand des Rois
Dépofer à mes pieds fon cœur & fon Empire.
Cependant tu le fais & j'ofe encore le dire,
La tendre la Vallière, en payant ton ardeur,
N'a jamais dans le Roi recherché la grandeur.
Si tu peux en douter, defcends du rang fuprême
Et tu verras alors fi c'eft bien toi que j'aime.
Je ne vis que ta flamme, & mon cœur amoureux,
Infenfible à tes dons, ne céda qu'à tes feux.

Tu me tîns lieu de tout. En vain cette jeuneſſe
Fait briller à nos yeux la grace, la nobleſſe,
Par ſa démarche augufte & ce front ſi charmant
Louis eft de ſa Cour le plus bel ornement.
O vous, qui fiers des droits d'une illuftre naiſſance,
D'un Monarque ſuperbe étalez la puiſſance,
Grands, de vos titres vains ceſſez d'être jaloux.
Quand mon Amant paroît, il vous éclipſe tous.
    Louis, de mes erreurs, oui tu fus la première,
C'eft toi, c'eft encor toi qui feras la dernière.
En vain cherchant la paix & fuyant les Mortels,
Je viens me dévouer au culte des autels;
Dans le fond de mon cœur ton image attachée,
Non, jamais par le temps n'en peut être arrachée.
Ingrat, connois ce cœur dont tu trahis la foi,
Malgré ton inconftance, il brûle encor pour toi.
Oui ſans ceſſe... Ah plutôt ! que ne puis-je moi-même
Comme toi ſans effort oublier ce que j'aime?
Moi, ceſſer de t'aimer ! eh! le puis-je jamais ?...
Hélas ! c'eft vainement qu'au ciel je le promets.
D'un ſouvenir ſi cher ſans ceſſe pourſuivie,
Dans quel affreux tourment dois-je traîner ma vie?
Oui, l'amour en mon ſein ſignalant ſa fureur
Accroît à chaque inftant ma flamme, mon erreur;
Et ce penchant fougueux reſſemble en ſon ivreſſe
A la vague qui fuit & qui revient ſans ceſſe.
La retraite, la paix, le ſilence, la nuit,
Tout retrace à mon cœur l'ingrat qui l'a ſéduit.

Dieu

Dieu témoin de mes pleurs , pardonne à ma foiblesse.
C'est le dernier éclat d'un amour qui te blesse.
Pardonne... Mais hélas ! près de suivre ta loi,
Tout pour m'en écarter conspire contre moi.
Grand Dieu , puis-je oublier que le Ciel m'a fait mère ?
Et quand je songe au fils, puis-je oublier le père ?

Ose voir sans frémir , quand je me donne à Dieu,
Le pénible fardeau qu'on m'impose en ce lieu.
Des maux les plus amers avaler le calice ;
Avoir pour ornemens la haire & le cilice ;
D'un bonheur qui n'est plus , garder le souvenir ;
Redouter à la fois le présent, l'avenir ;
Aux plus humbles emplois se complaire à descendre ;
Jeûner , prier , veiller ou dormir sous la cendre ;
Brûler d'un feu secret qu'on voudroit étouffer ;
Le combattre sans cesse , & n'en point triompher.
Est-ce là le destin que je devois attendre
Des sermens d'un Monarque & d'une ardeur si tendre ?
Sont-ce là ces festins , ces spectacles, ces jeux,
Interprêtes discrets de nos paisibles feux,
Où sous un voile heureux tranquile & triomphante
Je goûtois en secret les plaisirs d'une Amante ?
Et je suis dans ces lieux ? quel étrange séjour
Pour un cœur encor plein des erreurs de l'amour !
Sur quel fragile bien notre bonheur se fonde.

Où fuirai-je ? où cacher ma tristesse profonde !
Irai-je m'exposer, par un lâche retour,
A la fausse pitié d'une superbe Cour ?

E

Irai-je, éternifant une douleur fatale,
De mes pleurs à tes yeux embellir ma rivale;
Et témoin de tes feux, fur mes propres débris
Elever fon triomphe, & fouffrir fes mépris?
Non, non, fachons plutôt, quand Louis me délaiffe,
Dans ce cloitre enfermer mes maux & ma foibleffe.
Loin des yeux importuns, j'y goûterai du moins
La funefte douceur de pleurer fans témoins.
Peut-être auffi le temps, la retraite, l'abfence,
Me feront retrouver la paix & l'innocence.
Que dis je? Quand l'amour de mes larmes vainqueur
En farouche tyran règne au fond de mon cœur;
Quand toujours plus ardent il s'allume en mes veines;
Puis-je former, grand Dieu, ces efpérances vaines?
Ah! pour calmer un cœur dévoré de mes feux,
Que fervent la retraite & l'abfence & les vœux?

Dans le vain tourbillon où ce monde frivole
En d'inutiles jeux perd un temps qui s'envole,
L'amour ne peut lancer que des traits impuiffans.
Le plaifir, la douleur, tout gliffe fur les fens:
Mais dans la folitude, au fond de la retraite,
Notre ame, toute entière au bien qu'elle regrette,
Ne refpire, ne voit, ne fent que fes malheurs:
C'eft là qu'avec ivreffe on s'abreuve de pleurs:
Que l'amour exerçant un tirannique empire
Enfonce dans les cœurs le trait qui les déchire;
Et qu'enfin les regrets, les larmes, les combats
Ne font qu'approfondir l'abime fous nos pas.

O Vous, qui, dès l'enfance au Seigneur confacrées,
Vivez encor par choix fous ces voûtes facrées ;
Vous, dont la voix touchante & les tendres accens
D'un cœur pur & foumis accompagnent l'encens ;
Chaftes Sœurs, de l'amour vous ignorez l'empire.
Sur vos tranquiles fronts l'innocence refpire :
Quelquefois cependant je vous vois foupirer.
Hélas ! vous n'avez point mes fautes à pleurer.

O Louis, le deftin pour moi feule barbare
Veut enfin que mon cœur du vôtre fe fépare.
C'en eft fait : réprimant des tranfports fuperflus
Puifque vous l'ordonnez, je ne vous verrai plus ;
Cependant la Vallière, à plaire accoutumée,
A befoin, je le fens, d'aimer & d'être aimée.
Dieu feul, Dieu qu'en ce jour je choifis pour époux
Doit régner fur un cœur qui ne vit plus pour vous.
Dans ce tombeau facré, dont l'horreur m'épouvante ;
Il faut donc pour jamais m'enfevelir vivante.
Pour jamais enchaînée en ce trifte féjour,
Je verrai donc fans vous naître & mourir le jour !
Qu'à regret je fléchis fous le joug qui m'opprime !
Le repentir n'eft-il qu'une impuiffance au crime ?
Et quoi ! toujours promettre & toujours différer !
De ces délais cruels quel bien puis-je efpérer ?
Et je balance encor, quand peut-être lui-même
Dieu m'a tantôt dicté fa volonté fuprême.
Vous le dirai-je, ô Ciel ! dans l'horreur de la nuit,
Laffe enfin de chercher un repos qui me fuit,

Errante en ce défert , incertaine , égarée ,
Pour calmer les tourmens dont je fuis déchirée ;
Tant le remords affreux trouble un cœur criminel !
Je venois dans ce Temple implorer l'Eternel.
Un jour foible éclairoit ce lieu paifible & fombre.
Je vois ou je crois voir dans l'épaiffeur de l'ombre
Des fantômes couverts de funèbres lambeaux
Tout-à-coup s'élever du goufre des tombeaux.
Tremblante, je veux fuir... Une voix qui s'élance
De la profonde nuit interrompt le filence.
A cette horrible vue , à ces triftes accens ,
Une morne frayeur glace auffi-tôt mes fens :
Je tombe , & fans fecours , pâle , froide , éperdue ,
Sur le marbre long-temps je demeure étendu.
Ces Spectres , cette voix , & je n'en puis douter ,
Par un ordre du Ciel m'ordonnoient de quitter
Les charmes menfongers de ce monde profane ,
Et d'étouffer en moi le penchant qu'il condamne.

Eh bien ! pour plaire à Dieu , ce fuperbe vainqueur ,
Pour ne plus rien aimer, je vais brifer mon cœur;
Me vaincre. Oui , je le veux... Ou du moins je l'efpère.
Jufte Ciel ! dans l'erreur de mon règne profpère ,
Je ne prévoyois pas qu'il me faudroit un jour
Defirer comme un bien de n'avoir plus d'amour.

Hélas ! prête à former ma chaîne douloureufe ,
Je tremble , je frémis... Que dis-je, malheureufe ?
Ce lieu me doit-il donc infpirer tant d'effroi ?
Quand tout ce qui m'eft cher n'exifte plus pour moi;

Quand rien ne peut guérir ma bleſſure profonde,
Eh ! quel nœud déſormais peut m'attacher au monde ?
Allons, parmi ſes Saints, Dieu m'appelle... Et j'y cours.
Pour me vaincre, grand Dieu, prête-moi ton ſecours.
Viens d'une heureuſe ardeur enflammer mon courage.
Hélas ! roſeau fragile, agité par l'orage,
Je languis, je ſuccombe & je péris ſans toi.
Viens mettre une barrière entre Louis & moi.
Eloigne un ſouvenir que je crains & que j'aime.
En un mot, Dieu puiſſant, ſauve-moi de moi-même;
Triomphe, & pour jamais dans ce cœur combattu
Fais rentrer, s'il ſe peut, la paix & la vertu.
Soutiens mes pas tremblans, ô mon Dieu, je t'implore.

Mais quel feu chaſte & pur m'embraſe & me dévore !
Mes yeux s'ouvrent. Je ſens qu'un pouvoir immortel
M'arrache à ma foibleſſe & m'entraîne à l'autel.
Pour expier enfin des erreurs ſi fatales,
Je vais ceindre mon front du bandeau des Veſtales.
Oui, dans le ſein de Dieu je me jette aujourd'hui :
Adieu, Prince; il eſt temps de n'aimer plus que lui.
Ma raiſon autrefois d'un vain ſonge occupée
Des faux plaiſirs du monde eſt enfin détrompée.
Adieu : que votre ſort ſoit plus doux que le mien !
En renonçant à vous, hélas ! je ſens trop bien
Que je n'ai pas long-temps à ſouffrir la lumière.
Puiſſiez-vous ne jamais regretter la Vallière !
C'en eſt fait : pour toujours je me conſacre à Dieu,
Cher Prince, & je vous dis un éternel adieu.

M. Blin de Sain-Maure, Hiftoriographe de l'Ordre du Saint-Efprit , eft l'Auteur de cette Vie & de cette Héroïde ; la gloire d'avoir fervi d'interprète à la tendre la Vallière , eft digne du fujet qu'il a fi bien traité , & fort au-deffus de tous les éloges que nous en pourrions faire.

N O T E S.

(1) Ce fut elle qui en quittant le Roi pour aller en Italie, lui dit : *Vous êtes Roi, vous m'aimez, vous pleurez, & je pars.*

(2) Henriette-Anne Stuart, sœur de Charles II, Roi d'Angleterre, & première femme du Duc d'Orléans, frère unique du Roi, mourut à Saint-Cloud le 2 Juin 1670, âgée de vingt-six ans.

(3) Il étoit petit-fils du Duc de Guise le balafré. Ses aventures romanesques firent dire à ceux qui le voyoient courir avec le Prince de Condé : *Voilà les Héros de la Fable & de l'Histoire.*

(4) Toute la Famille Royale fut alarmée de l'intelligence secrette qu'on crut remarquer entre Louis XIV & sa belle-sœur. Le Roi ne fit que conserver pour elle un fond d'estime & d'amitié que rien ne put altérer. On sait que c'est à cette Princesse qu'on doit la Bérénice de l'illustre Racine.

(5) Anne d'Autriche, veuve de Louis XIII, & mère de Louis XIV. Elle mourut à Paris, le 20

Janvier 1666, dans sa soixante-cinquième année. Elle étoit fille, sœur, femme & mère de Roi.

(6) Marie-Anne de Bourbon, née en Octobre 1666, & légitimée le 13 Mai 1667, fut d'abord nommée Mademoiselle de Blois. De tous les enfants du Roi, elle fut la plus ressemblante à son père. Elle épousa Armand de Conti, cousin du Grand Condé.

(7) Le Roi qui aimoit de Vardes, s'appaisa bientôt. On lui donna d'abord la citadelle pour prison, & ensuite la ville de Montpellier. Il eut enfin la permission d'aller de Montpellier à Aigues-Mortes. Ce Courtisan adoucit la rigueur de son exil, en s'appliquant à l'étude des Sciences, où il acquit de grandes connoissances. Il mourut, aimé & regretté de toute la Province du Languedoc.

(8) Louis de Bourbon, Comte de Vermandois, Amiral de France, né le 14 Mai 1667, & légitimé le 22 Février 1669 ; il mourut au siége de Courtray vers la fin de 1683. On a cru long-temps qu'il étoit le prisonnier de la Bastille, appelé *l'homme au masque de fer*. Quelques personnes le croient même encore aujourd'hui.

(9)

(9) Madame de Montespan dit à ceux qui lui annoncèrent que le Père la Chaise approuvoit le Roi de l'avoir quittée pour Mademoiselle de Fontanges : *Je savois bien que ce Père la Chaise n'étoit qu'une chaise de commodité.*

(10) Madame de Montespan avoit trahi la Vallière. On sait qu'elle le fut à son tour par la veuve Scaron, si célèbre depuis, sous le nom de Madame de Maintenon.

(11) Elle observoit même si scrupuleusement le jeûne du Vendredi-Saint, que de toute la journée elle ne se permettoit point de prendre seulement une goutte d'eau.

Nous croyons devoir rapporter ici quelques Lettres de Madame de la Vallière, qui nous ont paru faites pour intéresser nos Lecteurs.

LETTRES.

JE veux vous remercier moi-même de votre souvenir, & me réjouir avec vous de l'état tranquille où vous êtes. Vous avez la paix du cœur, & vous en goûtez les délices sans aucun obstacle. J'envie fort le même bonheur ; mais je n'y suis pas encore parvenue, & j'ai besoin des conseils de mes amis, pour ne me laisser pas aller souvent à ces troubles que vous connoissez : cependant je vous assure que je me souviens fort bien de nos dernières conversations ; & j'ai la vanité de vous dire que j'en ai profité, & que je fais, ce me semble, des merveilles. Je voudrois que vous en puissiez juger ; car souvent on se flatte sans s'en appercevoir. Je vous écris avec liberté, parce que je fais que la voie par où va ma lettre est sûre ; vous savez que toutes ne sont pas de même. Ne m'oubliez pas, je vous prie, & soyez persuadé qu'on ne peut être plus sincèrement que je le suis, Votre très-humble servante,

La Duchesse de la Vallière.

On ne sauroit être plus reconnoissante, que je le suis, Monsieur, des peines que vous continuez de prendre pour moi : je desire de toute mon ame pouvoir y répondre de la manière que vous le souhaitez ; mais en quelque lieu que je sois, j'ai grand peur de n'être pas digne d'obtenir aucune grace : avant tout, il faut se mettre en état d'en demander.

Vous me donnez une grande joie de m'assurer que je serai reçue quand j'aurai la force de me tirer d'ici. Je crois que c'est en savoir assez pour le temps présent. Je tâcherai de faire une visite à votre retour, & j'espère que Dieu nous assistera l'un & l'autre.

Je suis si foible, que je ne mérite pas les graces qu'il me fait ; mais j'ai une grande confiance en sa bonté, & dans les prières que vous me promettez : remerciez, si l'occasion s'en présente, les personnes charitables dont vous me parlez, & croyez que je suis bien persuadée, que sans vos bons avis, je ne serois pas aussi ferme & aussi résolue que je le suis. Je sens vivement tout ce que je vous dois, & je ne l'oublierai de ma vie.

J'ai vu, depuis votre départ, les perfonnes aux-quelles j'efpère aller bientôt me joindre pour tou-jours. Tout m'affermit dans ce deffein, & je crois que dans peu vous ne craindrez plus pour moi : enfin je commence à goûter fi ardemment le plaifir de fervir Dieu fans aucun obftacle, que les heures que je fuis obligée de paffer encore ici, pour ache-ver ma guérifon, me paroiffent des fiècles. Il n'y a plus que cette raifon qui m'y retienne ; & je fouffre les douleurs que l'on me fait avec patience, dans l'efpérance que l'on abrégera mon mal & mon efcla-vage ; (car je n'appelle plus mon féjour ici, que de ce nom) : mais Dieu eft fi bon & fi miféricordieux, qu'il m'envoye des confolations fans nombre, & chaque inftant m'enflamme de fon amour fi fortement, que je n'imagine plus d'autre plaifir que l'efpoir d'être à lui fans réferve. Quelles graces, Monfieur le Ma-réchal ! & par où les ai-je méritées ? Il faut me fa-crifier entièrement pour reconnoître ces faveurs in-finies, & pour réparer le nombre d'années que j'ai paffées à l'offenfer. Je fens pourtant, que malgré la grandeur de mes fautes que j'ai préfentes à tout moment, l'amour a plus de part à mon facrifice, que l'obligation de faire pénitence. J'ai vu M. de

Condom, & lui ai ouvert mon cœur : il admire la grande miféricorde de Dieu fur moi , & me preffe d'exécuter fur le champ fa fainte volonté ; il eft même perfuadé que je le ferai plutôt que je ne le crois. Depuis les deux jours que je ne l'ai vu, le bruit de ma retraite s'eft fi fort répandu , que tous mes amis & mes proches m'en ont parlé. Ils s'attendriffent d'avance fur mon fort : je ne fais pas pourquoi l'on parle , car je n'ai rien fait qui foit marqué ; je crois que c'eft Dieu qui le permet pour m'attirer à lui plus vîte. C'étoit là l'occafion , & je l'aurois faifie avec empreffement ; mais je ne fais fi , avant de faire aucune démarche , je ne fuis point obligée de me guérir. Je vais confulter nos Mères là-deffus , & puis je finirai tout de fuite , fi elles le jugent à propos. Priez pour moi , & croyez que je ne vous oublierai jamais devant Dieu.

Je fuis fans doute bien plus heureufe que je ne mérite de l'être , fur-tout après avoir fait tout ce qu'il falloit pour me rendre éternellement malheureufe. Qui jamais a mieux éprouvé que moi l'effet de ces paroles : *Où le péché a abondé , la grace a furabondé* ? & de quelle manière encore la grace eft-elle venue en moi ? Je ne l'ai point cherchée, elle m'a prévenu en m'infpirant le dégoût du monde & des faux plaifirs dont mon ame s'étoit énivrée. Je tremble à la vue de l'état affreux dans lequel j'étois, & je frémis d'y retomber. Je fuis la plus criminelle des créatures ; ferois-je encore la plus ingrate ! Non, mon Dieu, ne permettez pas que je fois affez mal-heureufe ; & fi j'échappe à votre miféricorde qui me preffe de me convertir entièrement à vous, je prie votre juftice de m'en punir, & de ne point différer mon fupplice.

Tant de gens de bien s'intéreffent à mon falut, & m'honorent de leurs confeils, que cela me raffure ; c'eft la voix de Dieu qui me parle par leur bouche, & je crois que c'eft par leurs prières & par leurs fouhaits, que je me trouve dans les heureufes difpofitions où je fuis. J'efpère que vous me fortifierez encore dans le parti que j'embraffe, & que je fuis tout à l'heure prête d'exécuter.

Vous ferez furpris d'apprendre par d'autres que moi les bruits qui courent dans le monde fur ma retraite aux Carmelites : cela s'eſt publié depuis dix à douze jours, ſans que j'aie rien fait que ce que vous avez vu avant votre départ. Je crois que Dieu l'a permis pour me mortifier ; cependant je ne ſais pas encore quand je ſortirai d'ici. On me fait mille difficultés ſur le temps ; qu'il me paroît long ! & que j'ai d'impatience de voir arriver le moment ! Je vous jure que j'agis de bonne foi, & je me ſens par la grace de Dieu plus vivement touchée & plus ferme que jamais. L'on me traite avec beaucoup de bonté : cela m'engage à plus de ménagement pour exécuter avec douceur ce que j'ai très-vivement réſolu. M. de Condom que je conſulte ſur ce que je dois faire, me donne ſes conſeils : ce qu'il me dira ſera ma règle. En vérité, tout ce que je vois, augmente en moi l'envie que j'ai de me conſacrer entièrement à Dieu. La Mère Agnès aura la bonté de vous inſtruire un peu plus particulièrement que moi de tout ce qui ſe paſſe à mon ſujet. Je ſuis ſi pénétrée de re-connoiſſance des bontés de Dieu, que rien ne ſeroit capable à l'heure qu'il eſt de me faire changer de réſolution. La lettre que vous m'avez écrite me fait peine ; vous me paroiſſez moins tranquille que quand vous êtes parti : cependant puiſque Dieu vous choiſit

pour le lieu où vous êtes, offrez-lui vos peines ; &
bien loin de vous en affliger, goutez le plaifir de
fentir qu'elles viennent de lui : ne lui eft-on pas
aufli agréable au milieu du monde que dans la
retraite ? Mais je m'apperçois que je vous prêche ; &
j'en fuis honteufe : pardonnez à l'amour de Dieu
de fe montrer un peu ; je prendrois plus de mefures,
fi je ne vous connoiffois pas aufli plein de charité,
que vous l'êtes pour votre prochain, & pour moi
en particulier. Ne doutez pas, je vous fupplie, de
ma vive reconnoiffance, & de l'attachement in-
violable que j'ai pour vous.

J'ai été fi mal depuis Noël de ces importunes
vapeurs, dont vous avez entendu parler à vos amis,
que je n'étois pas en état de former deux lettres de
fuite : j'avois l'efprit fi troublé & le corps fi abattu,
que j'étois honteufe de moi-même, & me voulois
mal de me trouver encore capable d'être réduite en
cette extrémité par les chagrins que le monde me
caufoit : cependant j'ai toujours fouhaité avec la
même ardeur l'exécution de mon deffein ; & le cœur
n'a pas changé un moment, quoiqu'il fe foit encore
trouvé

trouvé fensible aux traitements différents que l'on éprouve ici. Mes vœux les plus vifs & les plus ardents font de me donner parfaitement à Dieu ; & cependant je fuis comme abymée dans les ténèbres. Ah ! ceffez de vous plaindre de celles où vous êtes ; vous avez une grande force d'efprit , beaucoup d'amour & une longue habitude au bien ; & moi toujours dominée par la malheureufe habitude du péché , fans aucune vertu , j'ai toutes les foibleffes de l'efprit & du cœur. J'ai raifon de trembler plus qu'un autre ; je tremble auffi , même des fentiments que Dieu a mis dans mon cœur , dans la crainte d'abufer de fa grace , & de ne pas perféverer. J'efpère cependant que le Seigneur fera touché de mes larmes, & qu'il ne rejettera point les prières de fes ferviteurs fidèles , dont vous êtes du nombre , qui reclament pour moi fa miféricorde.

De mon côté , fi ma voix pouvoit être entendue de Dieu , je vous affure que vous lui offririez d'un cœur égal le bien & le mal qui vous peut arriver. Je ne doute pas que vous ne le faffiez ; mais il eft bon de vous le dire encore , pour vous y faire mieux penfer. Efpérons donc , & prions fans ceffe, avec cela l'on va loin : Dieu n'abandonne point ceux

G

qui veulent abfolument fe donner à lui. Je fuis pénétrée de ce que je vous dis, & cela me confole dans mes afflictions. Mes affaires n'avancent point, & je ne trouve nul fecours dans les perfonnes dont j'en pouvois attendre : il faut que j'aie la mortification d'importuner le Maître, & vous favez ce que c'eft pour moi. Le monde, à ce que l'on dit, défapprouve mon procédé ; mais j'aurois grand tort de m'en plaindre. Pourquoi le monde m'épargneroit-il, quand je n'ai pas craint d'offenfer Dieu à la face du monde ? Je vous avouerai cependant que j'y fuis fenfible ; c'eft un effet de l'amour-propre, qui veut que les autres nous approuvent, quand même nous fommes forcés de nous condamner. Mais qu'eft-ce que les difcours des hommes en comparaifon de mes actions ! Je voudrois y être cent fois plus fenfible encore, afin d'en faire un facrifice à Dieu qui fût plus digne de lui. Si vous étiez ici vous me feriez d'une grande confolation ; je fens tout le befoin que j'ai de vous ; recommandez - moi du moins à Dieu, j'attends tout de fa bonté ; il m'a trop fait de graces pour m'abandonner.

JE viens de recevoir votre lettre, qui m'a donné une grande confolation; mais je fuis en peine de celles que vous m'aviez écrites par M. de Condom : il eft bien fâché de n'avoir eu que celle d'aujourd'hui à me rendre. Faites, je vous prie, ce que vous pourrez, pour favoir ce que font devenues les autres : je ferois mortifiée de les perdre, elles me font trop utiles ; & je vous affure que celle que je viens de recevoir m'a fait un bien admirable par les confeils que vous m'y donnez. Je tâcherai d'en profiter, & de répondre de mon mieux aux graces que Dieu me fait. Quoique je ne doute pas de votre perfévérance au fervice du Seigneur, je ne laiffe pas d'être ravie quand je vous vois dans des fentiments fi pleins d'amour de Dieu.

Je vous ai écrit par Madame de Schomberg une grande lettre, je ne fais fi vous l'avez reçue : celle-ci eft bien découfue, pardonnez - le moi, je vous prie ; mais le temps me preffe ; & j'ai, ce me femble, tant de chofes à vous dire, que cela me trouble & m'embarraffe. J'efpère que Dieu me fera dans peu achever mon deffein, je l'en conjure de tout mon cœur ; il nous donne un grand exemple à fuivre dans la perfonne de M. de Grenoble ; s'il eft au-deffus de

nous, de pouvoir march   mme lui à pas de géant,
du moins fuivons-le de   Priez-le de nous recommander à Dieu l'un   , & foyez bien perfuadé que je reffents vi\   es bontés que vous
me témoignez.

Vous craignez pour moi, & vous avez raifon, puifque je fuis encore ici : que voulez-vous? Je fuis la foibleffe même : cependant je travaille à fortir du péril ; c'eft peut-être trop nonchalamment ; je le dis à ma honte ; mais je vous affu.e que c'eft de bonne foi, & avec deffein que ce foit au plutôt.

J'arrive des Carmelites, on y prie pour vous & pour moi, & c'eft de là que nous devons attendre notre fecours. Je n'ai plus la hardieffe de vous rien dire de moi-même ; je fuis trop méprifable pour qu'on puiffe écouter les avis que je pourrois donner, & je renonce à le faire, jufqu'à ce que j'aie prêché d'exemple ; il faut commencer par là, quand on veut bien perfuader ; cela ne m'empêchera pourtant pas de vous remercier de vos lettres dans toutes les occafions ; elles me touchent, elles m'édifient & me donnent des forces, pour furmonter ma foibleffe.

Est-il besoin de vous en dire davantage, pour vous engager à m'écrire plus souvent?

Je suis au désespoir de me voir encore si peu avancée, & vous ne sauriez me faire plus de honte que je m'en fais à moi-même : je suis cependant plus affermie que jamais ; & quand on me donneroit toutes les grandeurs du monde, je ne changerois pas l'envie seule d'être Carmelite en leur possession : je ne tiens plus qu'à un fil ; aidez-moi, je vous prie, à le rompre ; grondez, menacez, traitez-moi durement s'il le faut, faites enfin tous vos efforts pour m'inspirer du zèle & du courage, tout me servira ; & vous savez que par la grace de Dieu, je profite un peu des conseils de mes amis. J'ai tant de confiance aux vôtres, & je m'en suis si bien trouvée jusqu'ici, que vous devez ne pas vous rebuter de ma foiblesse : il est vrai que j'en ai plus que personne ; mais la charité vous donnera de la force, & pour vous & pour moi. Je n'ai plus qu'un pas à faire ; mais j'ai de la sensibilité, & l'on a eu raison de vous dire que Mademoiselle de Blois m'en a beaucoup inspiré. Je vous avoue que j'ai eu de la joie de la voir jolie comme elle étoit ; je m'en faisois en même temps un scrupule : je l'aime, mais elle ne me retiendra pas un feul moment : je la vo's avec plaifir, & je la quitterai fans peine : accordez cela comme il vous plaira ; mais je le fens comme je vous le dis. Il faut que je parle au Roi, & voilà toute ma peine : demandez à Dieu qu'il me donne toute la force dont j'ai befoin dans cette occafion. Quitter la Cour pour le Cloître ; ce n'eft point là ce qui me coûte ; mais parler au Roi, oh ! voilà mon fupplice. Je m'expofe à vous telle que je fuis : ne m'en aimez pas moins je vous prie, & que la pitié faffe en vous fur mon fujet, ce que l'eftime fait en moi fur le vôtre.

* * *

C'EST le défaut d'occafion fans doute, qui vous empêche de recevoir de mes lettres ; vous verrez par la date, que je vous fais réponfe exactement, & je vous affure que c'eft avec plaifir. J'ai fait lire à M. de Condom, ce foir, les dernières lettres que j'ai reçues ; il les admire, & moi j'en fuis pénétrée : enfin Monfieur, j'avance, mon courage augmente, & je crois que Dieu achevera bientôt fon ouvrage ; cependant je crains, & je craindrai toujours, jufqu'à ce que je fois abfolument hors de danger. Je connois ma foibleſſe, & tant d'eſprits ſupérieurs au mien ont tombé de plus haut que je ne ferois, que cela me fait trembler. Je prie Dieu de me garder de moi-même; je le prie de me donner de nouvelles forces pour me ſoutenir, & de combler en vous la meſure de ſes dons. Je me ſens ſi preſſée de reconnoiſſance pour tout ce que je vous dois, que je ne ferai jamais en état d'obtenir de graces, que celle de votre ſalut ne ſoit la première que je demande. En attendant, continuez - moi vos conſeils & vos prières; &, s'il plaît à Dieu, tout ira bien: le temps me preſſe, & je finis.

Quand vous verrez la date de mes lettres, je ferai juſtifiée auprès de vous de la négligence dont vous m'accuſez : il faut bien qu'on n'ait pas eu occaſion de les envoyer. Je ferois au déſeſpoir que vous me cruſſiez capable d'oublier mes devoirs, & c'en eſt un pour moi très-agréable de répondre aux volumes, (puiſque vous appelez ainſi vos lettres) dont vous craignez que je n'aie été importunée. En vérité vous avez donc oublié, Monſieur, comme j'ai le cœur, même ſelon le monde; & ſelon Dieu

vous m'offenfez encore plus fenfiblement. Je croyois
que vous me connoifliez mieux depuis tant d'années,
& que vous auriez eu meilleure opinion de moi:
je n'en reconnois pourtant pas avec moins de plaifir
les obligations infinies que je vous ai ; mais rendez-
vous un peu plus de juftice, & vous jugerez de moi
plus équitablement. J'ai pour vous la plus parfaite
eftime, & d'ailleurs vos lettres refpirent fi fort l'a-
mour de Dieu, qu'on ne peut les lire fans en être
vivement touché. Puis-je en vérité n'être pas ravie
en les recevant ? Et quelle raifon pouvez-vous trouver
pour excufer l'offenfe que vous me faites ? Ecrivez,
écrivez, je vous en conjure, toutes les fois que
vous en trouverez l'occafion, & j'en ferai de même.
Fortifiez - moi de vos confeils, voilà le temps qui
approche où j'ai befoin de fecours plus que jamais.
Demandez des prières pour moi, redoublez les vôtres, & continuez ce que vous avez commencé ;
Dieu vous récompenfera des graces même que vous
m'aurez obtenues de fa miféricorde. Nous avons le
Père Bourdaloue qui nous fait des fermons admira-
rables : je voudrois que vous les entendifliez, je
fuis sûre que vous en feriez ravi : comme vous êtes
confirmé dans le bien, vous en profiteriez beaucoup

mieux

mieux que moi, je n'ai que le defir de le faire, avec mille défauts qui m'en empêchent. Je finis, de peur d'être importune, & je fuis toute à vous. La pauvre Maréchale vous fait fes compliments ; fa conf-cience eft dans le même état qu'à Nanci.

ENFIN, je quitte le monde ; c'eft fans regret, mais ce n'eft pas fans peine : ma foibleffe m'y a re-tenue long-temps fans goût, ou, pour parler plus jufte, avec mille chagrins ; vous en favez la plus grande partie, & vous connoiffez ma fenfibilité ; elle n'eft point diminuée, je m'en apperçois tous les jours, & je vois bien que l'avenir ne me donne-roit pas plus de fatisfaction que le paffé & le pré-fent. Vous jugez bien que felon le monde je dois être contente, & felon Dieu je fuis tranfportée. Je me fens vivement preffée de répondre aux graces qu'il me fait, & de m'abandonner abfolument à lui.

Tout le monde part à la fin d'Avril : je pars auffi, mais c'eft pour aller dans le plus sûr chemin du Ciel. Dieu veuille que j'y avance comme j'y fuis obligée, pour obtenir le pardon de mes fautes ! Je me trouve dans des difpofitions fi douces & fi cruelles, mais en

H

même temps si décidées, (accordez cette opposition qui est en moi), que les personnes à qui j'ouvre mon cœur, admirent de plus en plus l'extrême miséricorde de Dieu à mon égard.

M. le Dauphin fait le voyage, je perds M. de Condom, que j'avois engagé à faire le sermon de ma prise d'habit : s'il n'est pas revenu dans le temps qu'on me jugera capable de le prendre, je crois que je choisirai le Père Bourdaloue : il nous a prêché une Passion merveilleuse, & propre à toucher les cœurs les plus endurcis ; je l'ai même entretenu il y a peu de jours ; il me plaît fort, & il est tellement pénétré des vérités qu'il prêche, que vous en êtes persuadé d'avance. Pour M. de Condom, c'est un homme admirable par son esprit, sa bonté & son amour de Dieu. Je ne manquerai pas de l'engager à continuer de vous écrire ; de votre côté exhortez-le aussi à n'avoir que le moins de commerce qu'il pourra avec ces gens dangereux... vous m'entendez bien ; ses intentions seront toujours dans la dernière pureté, mais il faudroit en avoir autant que lui pour en juger équitablement. C'est le voyage qu'il va faire, qui me fait parler ainsi. Vous savez qu'à Tournay on étoit obligé de se communiquer plus qu'on n'auroit voulu , & l'on ne peut être trop fur fes gardes. Il eft bien hardi à moi de donner des confeils ; mais l'on pardonne tout à une demi-pénitente , qui efpère l'être bientôt tout-à-fait. Je fuis très-obligée à M. de Grenoble de me parler comme il fait : vous favez que la dureté ne me déplaît pas , & qu'elle ne m'a jamais fait peur, malgré la délicateffe de mon tempérament. Je ne l'écouterai plus que pour aimer Dieu , & pour m'aimer moins , je tâcherai de vous imiter : continuez-moi vos prières & vos confeils, & je vous promets en reconnoiffance de ne vous oublier jamais devant Dieu.

IL y a deux jours que je fuis ici : j'y goûte une tranquillité & une fatisfaction fi pure & fi parfaite, que je fuis dans une admiration des bontés de Dieu, qui tient de l'enthoufiafme. Mes liens font rompus par fa grace ; & je vais travailler fans ceffe à lui rendre toute ma vie agréable , pour lui marquer ma reconnoiffance. Je n'entrerai dans aucun détail aujourd'hui ; il vous fuffira de me favoir en fûreté : remerciez notre Seigneur pour moi ; je le prierai avec ardeur pour vous. Faites quelques compliments à M. de Grenoble, de la demi-pénitente, & me croyez toute à vous. Il eſt trop tard pour en dire davantage : adieu.

***

Je prie le Seigneur de nos ames, d'embraſer votre cœur du feu de ſon amour, & de vous inſpirer cette ſoif ardente dont vous deſirez tant d'être conſumé.

J'entre ſi fort dans tous vos ſentiments, par la reconnoiſſance & par l'amitié qui nous lie, que je ne ceſſe de demander à Dieu, avec la plus vive inſtance, qu'il vous délivre de l'état où vous me mandez que vous êtes, quoiqu'il ne me paroiſſe pas auſſi dangereux qu'à vous. L'extrême ſoumiſſion d'eſprit où je vous vois, ſuffit pour le rendre auſſi méritoire & peut-être même plus que celui de la plus grande ferveur : car dans l'un l'amour-propre eſt à craindre ; & pourvu que dans l'autre on ſoit fidèle & patient, l'on a tout à eſpérer. Il faut s'abandonner à la Providence, & nous laiſſer conduire ſans nous mettre en peine par quel chemin : ſi c'eſt par celui de la ſécherreſſe, Dieu nous donnera le courage néceſſaire pour la ſoutenir ; ſi c'eſt par la voie de la douceur, demandons-lui l'humilité du cœur & de l'efprit, afin de lui rendre par notre amour l'hommage de reconnoiffance que nous devons à fa bonté.

En voilà affez pour une humble Novice, que le Ciel comble tous les jours de nouvelles graces, & qui ne fait comment faire pour y répondre. Ne m'abandonnez pas, & puifque c'eft vous qui m'avez pour ainfi dire remife entre les mains du Seigneur, entretenez-moi fans ceffe de fes miféricordes & de mes devoirs. Adieu, je vais de ce pas vous recommander à celui à qui nous devons tout.

C'EST à l'heure qu'il eft, que je puis dire avec vérité que je fuis à Dieu pour jamais ; je fuis à lui par des liens fi forts que rien ne les peut rompre. Liée par des vœux, & encore plus par la grace qui me les a fait faire ; rien ne peut me féparer de la charité de Jéfus-Chrift : c'eft en lui feul que j'efpère, & pour lui feul que je veux vivre. Il ne me refte plus rien à fouhaiter, que de perdre la mémoire de tout ce qui n'eft point lui : par fa bonté le cœur eft détaché, & la volonté ne tend plus qu'à lui plaire ; mais cette importune mémoire, que

je voudrois si loin de moi, me diſtrait à tout moment, & me livre d’éternels combats. Il n’y a plus
qu’elle à détruire : je prie Dieu d’achever ſon ouvrage. Vous me faites, ce me ſemble, les mêmes
plaintes : vous ne voulez & ne deſirez plus rien que
Dieu ſeul, & cependant vous dites que tout ce que
votre cœur fuit & redoute le plus, revient ſans
ceſſe frapper votre penſée. Quelle ſenſible peine,
qu’après tant de graces reçues, nous trouvions toujours quelque obſtacle à cette entière occupation de
Dieu, que je crois ſi délicieuſe ! Mais pourquoi vouloir ſe ſouſtraire au ſouvenir de ſes fautes ? N’eſt-il pas
trop juſte d’en faire pénitence ? Repaſſons-les nuit &
jour dans notre mémoire, c’eſt la plus rude qu’on
puiſſe s’impoſer, & peut-être la ſeule qui ſoit digne
de Dieu.

En effet toutes les ſouffrances, toutes les auſté-
rités du corps, n’ont rien, ce me ſemble, qui égale
la peine & l’humiliation du péché.

Aimer Dieu ardemment, & oublier tout le reſte ;
ah ! Monſieur le Maréchal, cela eſt trop agréable.
Vous parviendrez peut-être un jour à cet heureux
état : pour moi j’ai trop offenſé la majeſté divine
pour oſer jamais y prétendre. Je ne dois penſer qu’à

souffrir toute ma vie ; mais j'y confens, & le defire même de toute mon ame, pourvu que je n'offenfe plus mon Dieu.

Tout nous fera compté, le temps fuit & n'eft plus : l'éternité s'avance, l'éternité !.. ce mot me fait trembler ; c'eft le terme fatal où tout doit aboutir, vers lequel chaque inftant nous précipite, où nous touchons peut-être, où finit la vie du monde, & où dans toute l'étendue de fon immenfité commence le règne à jamais triomphant du Père des miféricordes, & du Dieu des vengeances : quels objets ! Occupons-nous-en fans ceffe ; prions avec ferveur, cherchons avec perfévérance, malgré les oppofitions que nous trouvons à chaque inftant dans notre cœur. Aimons, mais d'un amour pur & défintéreffé ; & mourons fi entièrement à nous-mêmes, que nous puiffions dire avec l'Apôtre : *Ce n'eft plus moi qui vis, c'eft Jéfus-Chrift qui vit en moi.* Voilà les fouhaits que je fais pour vous comme pour-moi-même.

***

Ce feroit une efpèce de facrilège littéraire que d'ofer comparer les lettres de la tendre la Vallière avec celles de l'illuftre Madame de Sévigné ; les unes ne peuvent intéreffer que par le détachement des chofes d'ici bas, qui y eft tracé avec une onction perfuafive ; les autres, au contraire, feront toujours en poffeffion de plaire, par les détails infiniment piquants que Madame de Sévigné a fu fi adroitement y jetter. Madame de la Vallière fut une victime de l'amour le plus héroïque, voilà fon titre à la célébrité ; Madame de Sévigné ne doit la fienne qu'à fes lettres immortelles : aimons la première pour elle-même, & la feconde par un fentiment de reconnoiffance pour le chef-d'œuvre qu'elle nous a laiffé, & dont nous jouiffons.

F I N.